Liebe Mütter, liebe Väter, liebe Omas,
liebe Opas, liebe Tanten, liebe Onkel,
liebe Lehrerinnen und Lehrer!

Kinder, die schon lesen können, sollten diese Kompetenz stärken. Etwas stärken zu wollen, heißt immer etwas zu üben. Und Üben muss mit Erfolgserlebnissen untrennbar verbunden sein.

Die Bücher für die 2. Klasse sind so aufgebaut, dass sie durch spannende, lustige und lehrreiche Inhalte zum Lesen ermuntern. Die Sprache ist dem Alter der Kinder angepasst und ermöglicht ein konstantes Aufbauen des Wortschatzes. Kindgerechte, farbige Illustrationen auf jeder Seite begleiten die Kinder zu einem lustigen Leseerlebnis.

Am Ende des Buches gibt es „Spiel- und Spaß-Seiten" mit altersgerechten Aufgaben und Fragen, die mehr als nur unterhaltsam sind: Sie zeigen, ob das Buch aufmerksam gelesen und verstanden wurde.

Wir wünschen Ihren Kindern viel Freude beim Lesen!

Ihr G&G Verlag
Lesepädagogisches
Lektorat

Besonders möchten wir Sie darauf hinweisen, dass der G&G-Lesezug vom **Österreichischen Buchklub der Jugend** empfohlen wird!

Roswitha Wurm

Ferien am Bauernhof

Mit Illustrationen von

Katharina Reichert

Dieses Buch entstand in Zusammenarbeit
und mit freundlicher Unterstützung von:

Begleitmaterial zu diesem Buch finden Sie unter
www.lesezug.at
zum Gratis-Download!
Weitere Informationen siehe Seite 44.

www.ggverlag.at

ISBN 978-3-7074-2262-7

In der aktuell gültigen Rechtschreibung

2. Auflage 2020

Reihengestaltung: Carola Holland
Illustration: Katharina Reichert
Spiel- und Spaß-Seiten: Roswitha Wurm

Gesamtherstellung: Imprint, Ljubljana

Inhalt

Endlich Ferien

Leon zappelt ungeduldig auf der Rückbank des Autos hin und her. Er sitzt neben seinem besten Freund Erdal und seiner Schwester Emilia. Leon kann es gar nicht erwarten endlich beim Moser-Bauern anzukommen. Seit Stunden redet er mit Erdal über Kühe, Schafe, Hunde, Katzen und kuschelige kleine Hasen. Und über Traktoren, Mähdrescher und Motormäher. „Gleich, wenn wir da sind, gehen wir in den Stall und in den Geräteschuppen und ich zeige dir alles!", verspricht Leon.

Erdal staunt. Er war noch nie auf einem österreichischen Bauernhof. Aber Leon kennt sich schon aus. Schließlich war er mit Mama, Papa und Emilia bereits im vergangenen Sommer im Urlaub bei einer Bauernfamilie zu Gast.

Endlich hält das Auto und Papa verkündet:
„Wir sind da!"
Neugierig steigen die Kinder aus. Leon blickt sich verwundert um. Hier sieht es ganz anders aus als auf dem Bergbauernhof mit den kuscheligen weißen Schafen im letzten Sommer. Berge und ein großer Wald umgeben den schönen Bauernhof. Es gibt natürlich auch einen Stall und einen Geräteschuppen.
Mama seufzt zufrieden:
„Wie gemütlich!"

„Herzlich willkommen," sagt plötzlich eine tiefe Stimme.
„Grüß Gott, Herr Moser," antwortet Papa und schüttelt dem kräftigen Mann die Hand.
Der lacht und sagt: „Moser ist unser Hofname. Wir heißen eigentlich Wenninger, aber für die Gäste bin ich einfach der Franz und meine Frau ist die Elisabeth."
Eine dunkelhaarige Frau kommt lächelnd aus dem Haus und begrüßt die Familie.
Bei Franz und Elisabeth fühlen sich alle gleich wie zu Hause. Als noch die achtjährigen Zwillinge Sophie und Philipp aus dem Haus stürmen, weiß Leon, dass sie alle eine großartige Zeit hier

verbringen werden. Leon schnappt Erdal an der Hand und ruft: „Auf in den Stall!"

Bauer Franz wundert sich ein bisschen. Er lacht und meint: „Wartet bitte. So einfach ist das nicht! Ich möchte euch zuerst die Haus- und Hofregeln erklären!" Leon macht große Augen. Regeln? Sie sind doch nicht in der Schule. „Es sind F E R I E N!", ruft er und betont dabei jeden Buchstaben einzeln. „Außerdem kenne ich mich aus. Wir waren im letzten Jahr auf einem Bauernhof!" Bäuerin Elisabeth erklärt den Kindern: „Es gibt viele verschiedene Bauernhöfe. Bergbauernhöfe, Weinbaubetriebe, Obstbaubetriebe, Höfe mit Tieren und auch welche ohne Tiere." Bauer Franz fügt hinzu: „Jeder Hof hat seine Besonderheiten, aber auch seine Gefahren und Regeln." So ist das also.

Entdeckungsreise

Bei einem Glas Apfelsaft und einer Scheibe frischem Brot mit selbst gemachtem Topfenaufstrich erklären die Bauersleute alles Wichtige über ihren Hof. Alleine dürfen die Kinder nicht in den Stall und in den Schuppen. Bauer Franz ist aber gerne bereit den Kindern alles zu zeigen. Er lädt sie ein, am Abend beim Stallausmisten und beim Kühemelken dabei zu sein.

Bis dahin ist noch eine Stunde Zeit. Die Kinder tragen ihre Rucksäcke in die helle Ferienwohnung. Fein, dass Mama und Papa sich bereit erklärt haben die Koffer auszupacken und das Abendessen vorzubereiten. Die Kinder stürmen gleich wieder ins Freie.

Vor dem Haus spielen Sophie und Philipp. Sie werfen einen Ball durch ein Basketball-Netz, das an der Hausmauer befestigt ist. Sie laden Leon, Erdal und Emilia ein mitzuspielen. Leon gelingt leider kein Treffer. Da sieht er an der Hausmauer eine Tomatenpflanze und pflückt eine rote, runde Frucht ab. Die Tomate würde er sicher durch das Netz werfen können.

In diesem Moment sagt Philipp: „Letzte Woche war ein Bub hier, der hat ernsthaft probiert mit einer Tomate zu schießen. Mein Papa ist richtig sauer geworden. So etwas mag er gar nicht, wenn Gäste mit unseren Früchten achtlos umgehen. Eine Tomate ist zum Essen da und nicht zum Spielen!"

Leon wird ganz rot im Gesicht. Fast wie die Tomate, die er in seiner linken Hand hält. Ob Philipp ihn durchschaut hat? Jedenfalls lässt sich der sommersprossige Bub nichts anmerken und spielt lachend weiter.

Leon nimmt sich fest vor, nie wieder eine Frucht oder ein Gemüse zu pflücken, um damit zu spielen und ohne um Erlaubnis zu fragen. Schließlich will er den netten Bauern Franz und seine Familie nicht verärgern.

Da ruft Sophie: „Habt ihr Lust auf eine

Vorspeise? Gehen wir in den Naschgarten!" Erdal ruft begeistert: „Au ja!" Insgeheim hofft er auf eine große Portion Schokolade und Gummibärchen. Aber die wachsen ja nicht auf Sträuchern. Leider.

Die herrlichen Himbeeren und die süßen Brombeeren im kleinen eingezäunten Naschgarten schmecken jedoch genauso gut. Es macht sogar Spaß in die sauren roten Ribiseln zu beißen. Die Kinder sind begeistert. So viel sie möchten, dürfen sie verspeisen. Aber nichts achtlos abreißen oder auf Vorrat pflücken. Die anderen Gäste möchten ja auch gerne naschen. Denn diese Süßigkeiten sind gesund und schmecken so wunderbar! Emilia pflückt ein paar Beeren und läuft zu Mama und Papa, um sie kosten zu lassen.

In der Ferienwohnung duftet es köstlich. Papa kocht gerade eine Gemüsesuppe und Mama bäckt in einer Pfanne einen goldgelben Kaiserschmarrn. Emilia staunt: „Wart ihr einkaufen? Aber hier gibt es doch gar keinen Supermarkt ums Eck?"
Mama lacht: „Ja, ich war einkaufen. Aber nicht im Supermarkt. Das Gemüse wächst in Elisabeths Garten. Die Milch und das Obers stammen von den Kühen und die Eier von den Hühnern." Emilia staunt. Hier ist immer alles frisch und an der Supermarktkassa anstehen muss man auch nicht. Elisabeth hat ihr eigenes Geschäft zu Hause. Das ist sehr praktisch. Insgeheim beschließt Emilia

später auch Bäuerin zu werden. Aber jetzt ist erst einmal Zeit für den Stall. Sie hört schon die anderen Kinder nach ihr rufen und läuft wieder ins Freie.

Im Stall

Sophie meint: „So kannst du aber nicht in den Stall!" Das Mädchen zeigt auf Emilias Füße. Sie hat ihre Lieblingsschuhe an. Rosa Ballerinas. Sophie lacht und sagt: „Hol rasch deine Gummistiefel!"

Emilia möchte unbedingt mit zu den Kühen. Aber sie hat keine Gummistiefel! Als Sophie merkt, wie traurig Emilia ist, zieht sie rasch ihre eigenen Stiefel aus und gibt sie Emilia. Die Stiefel sind für das kleine Mädchen ein bisschen zu groß, aber sie dürfen schmutzig werden. Jetzt kann Emilia auch mit zur Stallarbeit. Sophie bleibt im Freien und übt inzwischen wieder mit dem Ball.

Leon und Erdal staunen über die Melkmaschine, die Kühe und die Heuberge für die Tiere. Sie folgen dem Bauern auf Schritt und Tritt. Geduldig antwortet Bauer Franz auf alle ihre Fragen. Er melkt die Kühe mit der Melkmaschine und mistet den Stall aus. Auch dafür gibt es Maschinen. Der Bauer achtet darauf, dass die Kinder in Sicherheit sind und den Tieren nicht zu nahe kommen.

„Geht bitte auch auf andere Tiere, denen ihr am Hof begegnet, nur von vorne und langsam zu. Jagt auch niemals ein Tier!" Leon staunt, wie viel Bauer Franz über Tiere weiß. „Du bist ein richtiger Tierexperte," bewundert er den Bauern. In diesem Moment durchzieht ein lautes „Muh" den Stall. So als ob die Kühe das bestätigen wollen. Zufrieden kauen sie das Gras, das Franz großzügig an sie verteilt. Kühe sind Wiederkäuer. Sie schlucken das Futter, nach einiger Zeit kommt es wieder ins Maul und sie kauen es nochmals. So können sie es besser verdauen. Erdal findet: „Es sieht aus, als würden sie Kaugummi kauen."

Wo ist Emilia?

Lachend gehen Erdal, Leon, Philipp und Bauer Franz aus dem Stall. Doch wo ist Emilia? Weit und breit ist nichts von dem kleinen Mädchen zu sehen. „Emilia! Emilia!", rufen sie. Doch Emilia bleibt wie vom Erdboden verschluckt.

Aufgeregt läuft Leon zu seinen Eltern. Er ruft: „Emilia ist verschwunden!" Zunächst wollen ihm Mama und Papa das nicht so recht glauben. Aber dann sehen sie in die besorgten Gesichter von Erdal und den Zwillingen.

Papa meint: „Ich suche mal den Bauern Franz." Mama dreht den Herd ab und stellt die Pfanne mit dem Kaiserschmarrn beiseite.

Nun beginnt die große Suche nach Emilia. Am Bauernhof muß man gut achtgeben. Hoffentlich ist ihr nichts passiert. Mama sieht Emilias rosa Schuhe im Hof stehen und erschrickt: „Wann habt ihr Emilia das letzte Mal gesehen?" Sophie beruhigt sie und sagt: „Ich habe Emilia meine Stiefel geborgt. Sie wollte auch mit den anderen in den Stall!" Leon und Erdal wundern sich. Sie haben Emilia dort nicht bemerkt. Auch Philipp und Bauer Franz können sich nicht daran erinnern. Alle sind ratlos. Plötzlich dreht sich Bauer Franz um und klettert flink wie ein Wiesel eine Leiter hinauf zum Heuboden. „Dachte ich es mir doch!", ruft er von oben.

Vorsichtig klettern Mama, Papa, Leon, Erdal, Philipp und Sophie hintereinander die Leiter hinauf.

Friedlich schlafend liegt Emilia da. Neben ihr liegen eine große Katze und fünf winzige Babykätzchen aneinandergekuschelt im Heu. „Unsere Frieda war trächtig. Da zieht sie sich immer auf dem Heuboden zurück. Hier bringt sie dann ihre Kleinen zur Welt!" Andächtig stehen alle um die süßen Katzenbabys herum, die ganz verklebte Äuglein haben und gerade bei ihrer Mama Milch trinken.

In diesem Moment wacht Emilia auf und blickt verwundert in die vielen Gesichter rund um sie herum. Was für ein aufregender erster Tag am Bauernhof!
Plötzlich beginnt etwas ganz laut zu knurren.
„Was ist denn das schon wieder?", fragt Erdal.
Emilia lächelt verlegen: „Mein Magen knurrt so laut!" Da lachen alle und Bäuerin Elisabeth meint: „Landluft macht eben nicht nur kleine Kätzchen hungrig!"
Als die Familie bald darauf beim Abendessen sitzt, sind sich alle einig: „Es ist einfach herrlich hier am Bauernhof!"

Bauernhoftage

Ein Tag ist schöner als der andere. Am liebsten spielen die Kinder am Hof in der großen Sandgrube. Sie bauen Burgen und legen Wasserkanäle. Mit der Bäuerin Elisabeth backen die Kinder Brot und kleine Brezeln. Der Bauer Franz nimmt sie mit auf sein Kartoffelfeld, wo sie bei der Ernte helfen dürfen.

Emilia würde am liebsten den ganzen Tag die Katzen streicheln und die kleinen Katzenbabys herumtragen. Bäuerin Elisabeth erklärt ihr: „Du darfst die Tiere nicht zu fest anfassen. Zu leicht könntest du ihnen wehtun. Tiere sind kein Spielzeug. Achte immer genau darauf, ob sie nicht gerade in Ruhe gelassen werden möchten."

Emilia findet das schade. Aber sie versteht.
Schließlich möchte sie auch nicht den ganzen
Tag herumgetragen werden. Also nimmt sie
ein Blatt Papier und zeichnet die Katzen auf.
Alle sechs. Als Erinnerung.
Leider geht das Bauernhof-Abenteuer
bald zu Ende. Schade. Papa, Mama,
Leon, Emilia und Erdal sind sich einig:
Im nächsten Jahr möchten sie wieder auf den
Moser-Hof fahren. „Erdal darf doch wieder
mitkommen?", fragt Leon.
„Natürlich, in den nächsten Sommerferien!",
sagt Papa.
Erdal lacht und sagt: „Ich weiß
eine Bauernregel:

Ist die Schule im Sommer zu, kommen wir wieder auf den Moser-Hof im Nu!"

Da müssen alle lachen und Bauer Franz meint: „Das ist die beste Bauernregel, die ich je gehört habe!"

Einfaches Bauernbrot

1. 90 dag Dinkel und 45 dag Roggen fein mahlen (oder Vollkornmehl verwenden).
2. Inzwischen 2 Kastenformen mit Butter ausstreichen.
3. 1 Würfel Germ, 3 KL Salz, 1 KL Honig in 1 l lauwarmem Wasser auflösen.
4. Mit der Küchenmaschine oder mit der Hand das Mehl nach und nach einkneten.
5. 4 EL Gewürze (Fenchel, Kümmel, Koriander, Anis geschrotet) einkneten.
6. Zähklebrigen Teig in die Kastenformen drücken, glattstreichen und in Längsrichtung bis zum Grund einkerben.
7. In das kalte Backrohr auf die unterste Stufe stellen. (Unter- und Oberhitze bei 250°, mit Heißluft bei 230°) ca. 1 Stunde backen.

Durchgebackenes Brot muss hohl klingen, wenn man es in der Mitte anklopft.

Kaiserschmarrn

Zutaten: 4 Eier, 1 EL Zucker, 2 EL Mehl, 60 ml Milch, Vanillezucker, einige Rosinen, Butter oder Öl zum Backen

Zubereitung: Die Eier in Eiklar und Eidotter trennen,

Eiklar mit dem Zucker steif schlagen, Dotter, Vanillezucker, Rosinen und Mehl mit einer Teigspachtel unterheben.
Zum Schluss vorsichtig die Milch untermischen.
In einer Pfanne wird die Butter geschmolzen (oder das Öl erhitzt). Den Teig eingießen und etwa 1 Minute anbacken lassen, dann ins vorgeheizte Backrohr (200°) stellen und den Kaiserschmarrn fertig backen lassen, bis er goldbraun ist. Aus dem Ofen nehmen und mit zwei Gabeln in mundgerechte Stückchen reißen. Eventuell mit Staubzucker bestreuen.
Zum Kaiserschmarrn werden Apfelmus, Zwetschkenröster oder mancherorts Preiselbeermarmelade serviert.

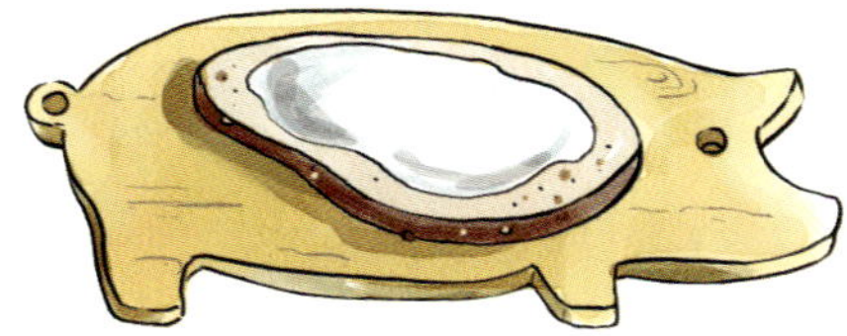

Topfenaufstrich

Zutaten: 200 g Topfen, 2 EL Sauerrahm (oder Joghurt), 1 Spritzer Zitronensaft, 1 Knoblauchzehe zerdrückt, Salz, Pfeffer und frische, fein gehackte Kräuter (Schnittlauch, Petersilie, Majoran, Basilikum, Oregano)
Zubereitung: Topfen und Sauerrahm gut miteinander verrühren, mit Salz und Pfeffer abschmecken, Kräuter unterheben.

Weitere Rezepte findest du unter:
www.urlaubambauernhof.at unter der Rubrik: Hofküche

SPIELREGELN FÜR BAUERNHOFGÄSTE

Franz und Elisabeth haben für euch ein paar Spielregeln aufgestellt. So wird euer Aufenthalt sicher. Sicher ohne Verletzung, sicher wunderschön und sicher voller Spaß und guter Gemeinschaft!

- Fühle dich am Bauernhof wie zu Hause, aber vergiss nicht: es ist nicht dein Zuhause, sondern das von der Bauernfamilie. Du bist hier Gast und kannst dir nicht einfach etwas nehmen ohne zu fragen.

- Gehe achtsam mit allem am Bauernhof um. Passiert dir dennoch ein Missgeschick und etwas geht kaputt, sage es bitte ehrlich dem Bauern oder der Bäuerin.

- Klettere nicht unaufgefordert auf Leitern, den Heuboden, Traktoren und andere landwirtschaftliche Geräte. Achte besonders auf in Betrieb befindliche Fahrzeuge. Du könntest dich schwer verletzen.

- Heugabeln, Harken und Schaufeln sind Werkzeuge des Bauern und der Bäuerin. Nimm sie dir nicht ungefragt, außer du wirst zum Mithelfen aufgefordert.

- Gehe nicht barfuß im Hofgelände. Schütze deine Füße mit gutem Schuhwerk oder Gummistiefeln.

- Tiere sind kein Spielzeug! Gehe achtsam mit ihnen um. Streichle sie vorsichtig und nicht stundenlang. Drücke sie nicht fest.

- Vorsicht: kleinere Tiere könnten dich beißen oder kratzen. Große Tiere wie Kühe, Pferde und Schafe könnten nach dir treten, ausschlagen oder dich umstoßen. Gehe niemals zu nahe und niemals von hinten an sie heran.

- Gehe nicht alleine und unaufgefordert in den Stall.

- Pflücke Pflanzen nicht unaufgefordert ab. Obst und Gemüse sind zum Essen und nicht zum Spielen da! Iss keine Frucht oder Pflanze, die du nicht kennst. Sie könnten giftig oder ungenießbar sein.

- Wenn du etwas genauer ansehen oder wissen möchtest, gibt dir der Bauer oder die Bäuerin gerne Auskunft!

Schau genau!

Auf dem unteren Bild haben sich fünf Fehler eingeschlichen. Kannst du sie finden?

LESEZUG

So viele Tiere!

Am Bauernhof leben viele Tiere. Die Tiere haben sich in dem Wortsuchsel auf dieser Seite versteckt. Sie können ⇒ oder ⇓ aufgeschrieben sein. Einige der versteckten Tiere leben nicht beim Moser-Bauern, sondern auf anderen Bauernhöfen. Welche sind das?

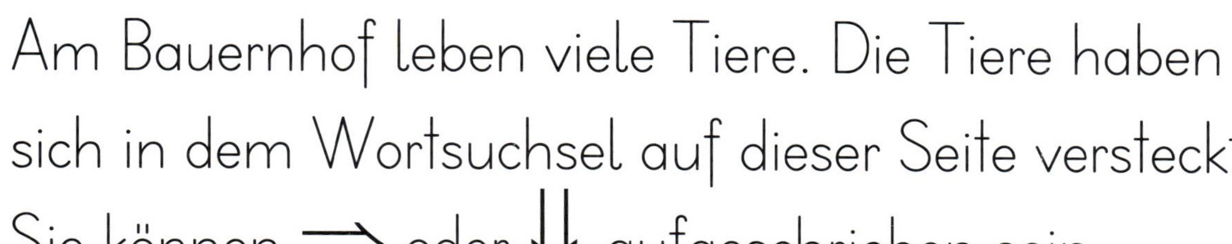

D	G	Z	R	M	J	K	L	H	L
S	T	H	A	H	T	S	O	Ü	M
C	K	A	T	Z	E	C	R	H	S
H	I	H	H	I	K	H	U	N	D
A	U	N	N	E	L	W	Ö	E	S
F	V	G	R	G	V	E	N	R	S
B	E	G	D	E	S	I	C	B	M
A	E	W	R	T	D	N	H	N	K
P	F	E	R	D	R	C	S	A	U
E	R	G	S	E	S	E	L	M	H

Lösung: Esel, Hahn, Hühner, Hund, Katze, Kuh, Pferd, Schaf, Schwein, Ziege

Lesen und einsetzen

Du hast in der Geschichte einige neue, lange Wörter gelernt. Versuche sie zu lesen und setze sie richtig ein.

MELKMASCHINE NASCHGARTEN

KAISERSCHMARRN

BABYKÄTZCHEN KARTOFFELFELD

BAUERNBROT

Bauer Franz nimmt die Kinder mit zur Ernte auf das _______________.

Die Kinder pflücken Brombeeren, Himbeeren und Ribiseln im ____________.

Bauer Franz melkt die Kühe mit der

_ _ _ _ _ _ _ _ _ _ _ _ _.

Mama bäckt in der Pfanne einen goldgelben

_ _ _ _ _ _ _ _ _ _ _ _ _ _ _ _.

Emilia findet am Heuboden die Katze mit ihren fünf _ _ _ _ _ _ _ _ _ _ _ _ _ _ .

Mit Bäuerin Elisabeth backen die Kinder ein

_ _ _ _ _ _ _ _ _ _ _.

AUF WIEDERSEHEN!